# Cuando habla el corazón

**Carmen Legido**

Segunda edición: marzo, 2026
© 2024, del texto de Carmen Legido
© 2024, de la edición, maquetación y diseño
Las Lolas Editorial. Madrid
www.laslolaseditorial.com
Cubierta: Las Lolas Editorial
Ilustración de portada: Luis Molina

Printed in Spain-Impreso en España
ISBN: 978-84-127950-5-9
Depósito legal: M-16855-2024

Para ti de mí, que soy yo.

Gracias a Manuel García Ponce por ayudarme
a hacer realidad mi sueño.

Gracias a Luis Molina por la
ilustración para la portada.

Gracias a José Luis González Cáceres
por el prólogo.

# PRÓLOGO

Carmen Legido convierte fatalidad en respiro, las negruras en verdores, lo nefasto en positivo.

Carmen transmite siembras de felicidad a pesar de haber vivido en la negatividad.

Carmen es genética de la bondad y el amor, capaz de cruzar charcos navegando en el perdón.

La sanidad le embelesa, al entregarse al enfermo llena sus satisfacciones y es motivo de recuerdo.

Con su conducta admirable, Carmen Legido es ejemplo de ser bonanza en lo injusto y sonrisas en los infiernos.

Carmen suma las esencias y las positividades, superando inconveniencias y olvidando adversidades.

Comunicadora en verso, es filósofa y poeta, comprensiva y consistente, amante de sus grandezas.

Desde mi admiración:

*José Luis González Cáceres*

## LOCURA

Bendita locura que mantiene vivo el recuerdo, no permitas que la cordura me arrebate lo que tengo. Quiero tierra y no mar en el que navegar, y sol y no luna con la que soñar.

## VIAJERA

Si algún día, niño, yo te pudiera conquistar, te aseguro que las estrellas yo te las haría tocar y, navegando por el universo entre suspiros, los astros poder acariciar. Sería tan bonito, niño, que yo contigo pudiera viajar.

**MIS SENTIDOS**

Los besos que tú me has dado los llevo en mis cinco sentidos,
¿cómo quieres, niño, que yo te eche en el olvido?

**EL OLVIDO**

Te olvidaré si tú me lo pides, pero nunca te dejaré de amar. Soñaré con tus ojos gitanos y los míos al cielo mirarán, soñar con tu boca, ¡ay tu boca!, esa, esa nunca la podré olvidar, porque no hay mayor castigo que no volverte a besar.

## COMPLEMENTO DE VIDA

Quisiera ser el bálsamo que cure tus heridas, la crema que suaviza tu piel, la hoguera que te quite el frío o el agua que calme tu sed. Solo tu complemento, ¡vida mía!, yo para ti quisiera ser.

**FUI MUJER**

No sé si fue un capricho del destino o un regalo que me hizo Dios, el que te cruzaras en mi camino cuando más lo necesitaba yo. Fue en la glorieta de Bécquer donde yo te conocí, tú me robaste un beso y yo me enamoré de ti. Quizás no fuiste consciente de lo que acababas de hacer, porque yo era solo una niña y tú me hiciste mujer. Pero seguiste tu camino, ese que marcado traías, y yo me quedé en la glorieta viendo cómo partías, esperándote, esperándote... nada más.

## LUNA

A la luna llena yo le pediré que me ilumine el sendero que me lleve hasta él, se perdió en el camino y no he vuelto a saber de él. Ilumíname, bella luna, que necesito volverlo a ver.

**TUS OJOS**

¿Quién le pone puertas al campo, quién detiene las olas del mar? ¿Cómo yo podré olvidarte habiéndote conocido ya? Son tus ojos los que me dicen aquello que tu boca calla, no me mientas nunca y háblame con la mirada. Sí, háblame con la mirada y no lo dejes de hacer, que tus ojos me llegan al alma y me hacen enloquecer. Deja tu boca para besarme como solo tú sabes hacer.

**AIRE**

El viento se llevará el susurro de mi voz y te dirá muy bajito cuánto te amo, amor. Te alojaste en mi pensamiento y me robaste el corazón. ¿Cómo quieres entonces, niño, que ahora te olvide yo?

**EL TIEMPO**

Que ya no te puedo querer, niño, que ya sin tiempo me quedé, me pasé la vida librando batallas y herida de muerte quedé. No insistas, niño, ya no te puedo querer.

## LA GLORIA

Hoy, a ti, mi atrapasueños, yo te quisiera pedir: haz que él no me olvide y pronto esté junto a mí. Una mirada suya te pido, una mirada y nada más, esa que me transporta y la gloria me hace tocar.

## DESESPERACIÓN

Ridícula e ingenua yo. Quise alcanzar una estrella y mi alma se llenó de vacío y dolor. Abrí mis alas al viento y sin rumbo me llevó. Surqué los mares de tu pensamiento y la cruel realidad me despertó. ¿Por qué, mi Dios, por qué solo vacío y dolor tengo yo? ¿Por qué me enseñaste los destellos de su resplandor, si no podía recibir su luz ni su calor? Es por ello que hoy me siento ridícula e ingenua yo.

**LOCURA**

Locura de abril y mayo, locura de un querer que no se sabe cómo,
ni cuándo, ni por qué. No sé si fuiste tú quien me embrujaste o yo
quien te enamoré, solo sé que esto es la locura de un querer.

## MI RÍO

Si me pierdo, que me busquen entre Sevilla y Triana, junto a la capillita del Carmen y mirando a la Giralda, ver cómo la luna se mete en el río y baila por sevillanas. ¿Habrá cosa más bonita, niña, que perderse entre Sevilla y Triana?

## GIRALDA

Campanas de la Giralda, no dejéis de repicar, el tañer de tu sonido en la gloria me hace estar. No lo olvides, campanero, que yo las necesito escuchar, para poder seguir viviendo y así poder soñar.

## LA NIÑA

La niña se refleja en el río y su rostro bello se ve, con el pelo alborotado y su cara de placer. ¿Quién te hizo tan feliz, niña, para así resplandecer?

**TANA**

Bailaste por sevillanas y la cara se te alegró. No dejes de bailar, niña, que alegre te quiero ver yo.

## MACARENA

Acércala, costalero, con pasito corto hacia mí, que necesito ver en su cara si está triste o feliz. Acércala, capataz, que quiero ver a mi Madre, esa que está en San Gil, que me llamó un día pero me ha dejado aquí. Quiero darte las gracias y ver tu carita feliz.

## AITANA

Bonita niña de tez morena, qué dulce y salvaje tu belleza es, pero todo ello lo supera tu hermosa forma de ser.

**MURILLO**

Estaba Murillo mirando su paleta y pensó: Quiero pintarte, Sevilla, pero no sé qué color mezclar. Tu cielo tiene un azul especial, el agua de tu río en plata se convierte si la luna llena está. Y tu parque, una variedad de colores que no sabré mezclar. ¡Madre, ayúdame, que quiero a mi Sevilla pintar!

## ESCONDITE

¿Dónde te metiste, luna, dónde estás que no te veo? Sabiendo
que yo te esperaba, sabiendo que yo te deseo. ¿Dónde te metiste,
luna, dónde que no te veo?

## COBARDÍA

Solita a los altares va la niña morena, su rostro lo cubre un velo que va tapando su pena, mientras una voz le grita: ¡No sigas, niña, no sigas, que sabes lo que te espera! No soy yo la que camina, madre, es mi cobardía la que me lleva.

## ENSOÑACIÓN

No tengas pesadillas, niño, que la luna casi llena está, ella velará los sueños y solo conmigo soñarás, te susurraré hermosas palabras y bellos sueños tendrás. Te contaré lo afortunados que somos al sentir este querer, esta locura nuestra que la cabeza nos hace perder. Dame tu mano, niño, que loco te voy a volver.

## MI PUENTE

En el puente de Triana yo contigo me encontré, tú eres de tierras lejanas y en el puente me crucé. No sé si ibas o venías, solo sé que tus ojos me embrujaron y de ellos me enamoré. Allá donde tú vayas siempre te seguiré, ya que con una simple mirada hiciste a una niña mujer.

## SENTIMIENTOS

14 de febrero, día de los enamorados dicen que es. ¿Acaso ese día no fue en el que yo te encontré? ¿O el día que me cogiste de la mano por primera vez? ¿No fue cuando te besé? Para mí, el día de los enamorados es cuando estoy junto a ti y se me eriza la piel. A mi hermosa Sevilla pongo por testigo, que jamás conocí el amor hasta que no me encontré contigo.

**MEDALLAS**

Aprendí a superar obstáculos desde joven, con fuerza me entrené y en la olimpiada de la vida medalla de oro me llevé. Pero ya no quiero esas medallas porque con su peso no podré, solo quiero el respeto y cariño que a pulso gané.

## FELICITACIÓN NIÑA

A ti yo te quiero felicitar si tu corazón se acelera cuando lo ves llegar, si tu cuerpo tiembla cuando abrazándote está. Si al soltarse de tu mano te pones a temblar y se te parte el alma al verlo marchar, porque necesitas sus besos como el aire para respirar. Eso es amor, niña, y yo te quiero felicitar.

**BAILANDO**

Bajo la luz de la luna esa noche yo bailé y apretando mi cintura yo segura me encontré. Que no se haga el silencio, que la música no pare, que quiero seguir bailando y que nadie nos separe.

## REFLEXIÓN

Todo lo hermoso y bello tiene caducidad. Caduca la juventud, las rosas del jardín, la hermosa primavera, las olas que acarician la arena de la playa. Todo se marcha como un temporal y no vuelve más. Hoy la tristeza me embargaba, pero al llegar a mi calle, el olor de azahar de mis naranjos me embriagaba. Cuando solo me quedaba sufrir, el azahar se adelantó a su tiempo para que yo fuera feliz.

**TUS OJOS**

Mis ojos te piden amor y tú no me lo puedes dar. Tus ojos me piden pasión y yo no te la debo dar, cómo ocurrió este hechizo tan difícil de explicar. Si igual que pajarillo yo pudiera volar, detrás de ti me iría para no perderte el compás, porque entre la prosa y el verso yo no sé cuál elegir para decirte, mi vida, cómo te amo yo a ti.

**NIÑO**

¿Niño, tú sabes qué es el amor verdadero? Siii, ese que se entrega el alma sin esperar nada a cambio. El que eres capaz de sacrificar tu felicidad y alejarte por el bien del ser amado. Eso, niño, es amor verdadero.

## TU SONRISA

Hoy busqué en la noche esa sonrisa que un día me dio, pero solo encontré esa tristeza que ya conocía yo. Cógete de mi mano, amor, y volveremos a encontrar esa sonrisa entre tú y yo.

## PRIMAVERA

Primavera hermosa, ¿por qué no me acompañas ya? Me abandonaste entre las flores que marchitándose están, haciéndome morir entre ellas sin haber florecido jamás.

**TEMBLORES**

Resguardado en un sombrío banco tú te pusiste a suspirar, yo mi amor te entregué y los dos nos pusimos a temblar. Cuánta envidia despertamos que hasta los pajarillos trinaban al compás.

## MARCOS

En una noche mágica bajo el puente te encontré y fue la noche más feliz que jamás imaginé. Vimos la luna bañarse entre Sevilla y Triana y agarrada a tu brazo me sentí afortunada. Gracias, querido Marcos, sobrino al que tanto quiero, sabes que eres para mí un trocito de ese cielo.

## LO QUE MÁS QUIERO

Soñaba el niño ser capitán de un gran velero, de plata sería la espuma que dejaría el viento para surcar los mares mar adentro, mar adentro. Soñaba el anciano con ver su jardín en el invierno, esperar la primavera y ver sus nardos abiertos. Soñaba la mujer con ser velero, espuma y viento y así surcar los mares de tus pensamientos y cogidos de la mano estar todo el tiempo, mar adentro, mar adentro.

**SILENCIO**

Silencio que no toquen las campanas, que los pájaros callen, que el silencio se haga, que mi niño se quedó dormido hoy de madrugada.

Silencio que no toquen las campanas, que mi niño está soñando con hadas, con mares lejanos, con plácidas aguas, donde sumergirse para investigarlas, siempre buscando el tesoro que aquí no encontraba. Por favor, silencio, que mi niño se quedó dormido hoy de madrugada.

Mi niño se quedó dormido en los brazos de su amada, era lo que más quería y consiguió conquistarla, ella se embriagó con sus palabras mientras él su rostro acariciaba, cubierto por los cabellos con los que tanto soñaba. Mi niño se quedó dormido en los brazos de su amada.

**NO PIENSEN**

No, no piensen que estoy loca si a solas me ven riendo. es mi hijo quien quería que yo no estuviera sufriendo.

**MARTA**

Tengo en mi casa la rosa más bella que dio el jardín, tú después de leer esto ya me dirás a mí. Su tallo es largo y recto con color carmesí, con un aroma que desprende que te llega al alma a ti. Sus pétalos son tan suaves como la seda y el marfil y para no tener no tiene ni espinas para a nadie hacer sufrir. Y ahora dime tú, ¿no es cierto eso que te decía yo a ti? Que tengo en mi casa la rosa más bella que dio el jardín?

## ADRIÁN

Si un día me pide mi nieto que yo le alcance una estrella, yo te aseguro vida mía que subiré al cielo por ella. Cierra los ojos mi niño y suelta las alas a soñar, que tus sueños son libres y nadie te los podrá quitar, mientras tengas a tu abuela nada te ha de faltar.

**MAJO**

Llegaste en primavera como rosa de pitiminí, ya se te veía guerrera por la prisa por salir. En hermosa mujer te convertiste y mil batallas ganando vas, no hay reto que te propongas que no puedas alcanzar. Maravillosa pluma y dulce cantar, que orgullo de tu tía siempre serás. Majo tienes por nombre y en mi corazón siempre estarás, ayudándome a ser más fuerte en mis días de soledad.

**ENSOÑACIÓN**

La niña con tul blanco soñaba y la seda todo lo cubría, mientras la suavidad acariciaba su cuerpo y en la gloria la niña se sentía. Llegó la fatal realidad y todo oscuro se volvió. El tul en negro crespón se convirtió, la suave seda en arpillera se volvió. La dulce niña despertó y desanimada exclamó: ¡Todo fue un sueño Dios! y los sueños, sueños son.

**MI CORTIJO**

En lo alto de un encinar tengo mi cortijo escondido, donde un día te llevaré para que vivas conmigo. Un hermoso lago será testigo de nuestros besos prohibidos, bajo un cielo de estrellas y hermosos cervatillos, diciéndose unos a otros: ¡Cuánto amor hay en este cortijo escondido!

**NANA**

¿Recuerdas, niña, esa canción de cuna que de pequeña te hacía dormir? Apenas sé la letra, madre, pues poco la podía oír, ya que me dormía llorando y nunca la pude sentir. Y con el paso de los años sigue siendo así. Mi soledad nunca tuvo música, y más si tú no estás junto a mí. Tu valentía nunca tuve y al fondo del pozo caí, luchando por sobrevivir, y así no se puede dormir.

**REFLEJOS**

En un viejo espejo, esa maldita pesadilla que tantos años me acompañó. Pero por la ventana vi que seguía habiendo primavera, que las flores nos alegraban con su color y que los nardos nos regalaban su olor.
Y fue cuando empecé a quererme yo.

## SOLEDAD

Quise coger una estrella pero no la pude alcanzar. Quise cruzar el mar pero no sabía nadar. Quise coger un clavel pero en un ramo estaba ya. ¡Confórmate, niña, y no sueñes más, lo que nunca te faltará es tu triste y fea soledad!

**DESEO**

Te quiero, amor, como la amapola al trigal, como los girasoles al sol, como el pez al agua, como la arena al mar. Yo quiero ser esa amapola que me abrace tu trigal, girasol que a los ojos te pueda mirar, pez para poderte arrullar y arena que acaricie tu piel. Todo ello, amor, yo para ti quisiera ser.

## DESPEDIDA

No te preocupes, madre, que al infierno no iré, Dios me tiene un hueco a su vera porque el infierno ya aquí lo pasé.

## LOQUITA

Loquita me dices tú porque soy sensible, porque a todos quiero, porque el rencor no tiene sitio en mi corazón. ¿Tú sabes, chiquillo, las batallas que tuve que librar para llegar a este estado y poderme realizar? Por eso yo siempre loca, muy loca quiero estar.

**LA PROSA**

Hoy en Sevilla nieva pétalos de azahar, cubierta de blanco voy como la niña que va al altar, perfumadita y esperando que tú la puedas abrazar. Porque entre la prosa y el verso yo no sé cuál elegir para decirte, mi vida, cómo te amo yo a ti.

## AGUA

Hermosa cascada que bajando la montaña está, no la detengas, niño, que buscando el río va para que la lleve hasta el mar y perderse en su inmensidad. Yo soy amor, locura y pasión, la niña que tú buscas, esa soy yo. La que acunaste en tus brazos y dormida se quedó, la que ríe cuando juega, la que a los árboles subió para cogerte una estrella que nunca alcanzar logró, ¡Pobre inocente yo! Soy la que te hace soñar, la que no te encuentra jugando a esconder, la que te hace temblar de placer, la que sin darse cuenta tú la hiciste mujer.

## MI PLACITA

En una plaza cualquiera de esta Sevilla mía, se encontró una mañana tu mirada con la mía. No hicieron falta palabras porque el embrujo nos envolvió, llevándonos a la gloria todo llenitos de amor. Mil locuras cometimos en esta Sevilla mía, donde solo dos locos de amor parece que existían. Nunca se supo de quién fue la culpa de este arrebatado querer, quizás esa mágica plaza llamada de San Andrés, donde una mañana fría se cruzaron nuestras miradas en esta Sevilla mía.

## OTOÑO

Como las hojas en otoño caen cuando las mueve el viento, así mi corazón se deshoja, amor, cuando me roza tu aliento, porque ni la suavidad de las rosas ni el candor del Sol, con el tacto de tus manos, tienen comparación.

**OLVIDO**

Los besos que tú me das los llevo en los cinco sentidos, ¿cómo quieres, niño, que yo te eche en olvido? Porque mujer me has hecho y de ello no me arrepiento, como eres, te amaré y nunca, nunca te olvidaré.

## CALENDARIO

¿Por qué me hiciste mujer? Si yo solo quería ser la niña del Santo Negro, que corría por la vereda jugando y cogiendo flores para ponerlas a sus pies. Esa niña que miraba las altas chimeneas de las fábricas, para ver si veía a las cigüeñas traer los bebés. Pero con el paso del tiempo, de aquello solo me quedó esa inocencia que a los infiernos me llevó. ¿Por qué me hiciste mujer, si inocente sigo siendo yo?

## MARIELA

¿Quién dijo que hay cosas que no pueden ser? Seguro que en Sevilla nunca puso los pies. Aquí la Luna se baña en el río y el Sol de reojo la ve, ella, ruborosa, se mete en el agua porque tanta belleza no puede ser. Si oyes repicar las campanas de una torre sevillana, no te confundas, chiquillo, es la risa de una niña alegre como solo ella sabe ser. Mariela lleva por nombre y es la alegría hecha mujer.

**COBIJO**

Si te pierdes al anochecer, que te busquen en mis noches frías.
Yo cobijo te daré hasta la llegada de un nuevo día y, al amanecer,
vuelvas a tu punto de partida. No te preocupes, amor, mientras
llega el nuevo día, yo siempre te estaré esperando en esas mis
noches frías.

## SOY ASÍ

No te enfades, niño, por quererte como te quiero, quizás no estés acostumbrado a un amor tan verdadero. No me pidas lo que todas te pueden regalar, pídeme lo que solo yo soy capaz de dar.

**INEVITABLE**

Fue la caricia de una niña lo que un día te sorprendió, pero fue tan hermoso que de ti se enamoró. Le robaste un beso y ella contigo aprendió que no hay cosa más hermosa que besar por amor.

**EL BESO**

En la calle del Beso una noche te encontré, acaricié tu cara y dulcemente te besé, tan hermoso llegó a ser el descubrir el amor, que me pregunté dichosa ¿qué hago ahora yo? Si me has vuelto loca en un queriendo sin querer, déjame en este paraíso que yo no quiero perder.

**EL OLVIDO**

Si no se pueden contar las estrellas, poner puertas al campo, o las olas detener, dime tú entonces, niño, cómo olvidarte podré.

## EL QUERER

Querer a quien no te quiere es el más puro querer, porque querer a quien te quiere eso es corresponder, por lo tanto, querer de esa manera eso lo hace cualquiera.

**MI POETA**

Hoy a mi amado Gustavo yo le podría decir: ¡Qué suerte tienes hoy de estar lejos de mí! Te aseguro, amado mío, que ni una rima te dejaría escribir.

## ILUSIÓN

Si un día un "armao macareno" a mí me vino a ver y el Rey Baltasar un presente me entregó, ¿por qué no voy a tener la dicha de tus labios acariciar yo?

**AMIGA**

Al llegar la medianoche yo me pongo a recitar todo lo que llevo en el corazón y no lo puedo expresar. Fiel amiga la soledad que se digna a escuchar, pero solución a mí no me da. Así cada noche ella me escucha y yo me pongo a recitar.

## SECRETO

Un secreto marcó mi vida, ese que debí saber yo, que me hizo ser cobarde y mi vida destrozó. Tarde llegó el valor y sin fuerza para luchar me dejó, sola y triste me encuentro por culpa de un secreto que debí conocer yo.

**SIEMPRE**

Un día de aquí nos marcharemos pero siempre seguiremos allí, donde el verde te da sombra y las hojas cambian de color, su aroma te embriaga, solo sentirás amor y por siempre unidos permaneceremos los dos.

**EL ALMA**

No quiero que me mires, solo quiero que me veas, porque cuando miras solo ves el exterior y viéndome ves el alma entera.

**TUS BRAZOS**

Hoy me gustaría ser una estrella fugaz, para iluminar el camino y tus brazos encontrar.

**AMAR A TU AMOR**

Hoy escribo al amor. Ese amor que me llena de ilusión, donde mis versos siempre van dirigidos a ti, que eres quien me hace sentir. Como una quinceañera siento mil mariposas en mi estómago aletear cuando tus pasos siento acercar, cuando pienso en verte y en mis brazos acurrucada tenerte, el estar echada en tu pecho, sintiendo desbocado mi corazón enamorado. Sentir cómo tocas mi piel con mil caricias que me hacen enloquecer entre susurros de te quiero que me hacen tocar el cielo, amar dándote todo mi ser que me haga sentir mujer, besar tu boca con pasión, amando como solo se ama por amor y solo por amor.

**PENSAMIENTOS**

Hoy te digo que, a fuerza de ser callado, mis sentimientos y mis versos se vieron obligados a convertirse en sueños. Sueños soñados e inventados, pero siempre deseados. Sueño de ese amor anhelado que deseo y no hallo, quizás porque el destino así lo quiso. No lo sé. Tan solo conozco el amor de quien se entrega incondicional con una fuerza pasional desgarradora, como desgarradora es mi soledad. Esa es mi cura, mi ungüento, mi complemento... Ese eres tú.

## NIÑOS

En el ocaso de sus vidas como dos jóvenes sentían y cogidos de la mano como dos chiquillos reían y por la orilla del río capitanes de un gran velero se creían.

**"TU ESENCIA"**

Hoy de nuevo comencé a otear el horizonte, buscaba tu presencia, tu esencia. Me gustaría verte por un instante, detener el reloj del tiempo para tenerte por un momento, besar tus labios sin quimeras y ofrecerte aquello que tú pidieras, ya sea un cuarto de luna o un puñado de estrellas. Quiero imaginar tus besos en mis labios, sentir la ternura de tu alma en una mirada rebosante de calma. Quiero que mi corazón lleno de alegría plasme en este papel lo que siente el alma mía. Alma inquieta que solo quiere escuchar tus suspiros de amor y percibir tu calor como un volcán en erupción. Alma inquieta y llena de añoranza e impaciencia por no tener… Tu esencia.

Cuando yo me haya ido, recuérdame cuando veas una estrella fugaz cruzar tu camino. Cuando la Luna llena te ilumine, recuérdame junto a ese río donde se unieron tus labios con los míos. Si por nuestro camino verde vuelves a cruzar, solo te pido que recuerdes que nadie en la vida te quiso más que yo.

## QUÉDATE

Quédate siempre conmigo. Aunque no te dé motivos, a pesar de la distancia que hace pararse el tiempo y perder la paciencia, porque todo se queda callado y parado cuando no estás a mi lado. Quédate siempre conmigo. Hoy escribí este poema con todo mi amor, un poema que habla de los dos, de este amor que empezó de una sinrazón y que ahora forma un solo corazón. Quédate siempre conmigo, amor.

**MI PIEL**

Si alguna vez no te volviera a ver, no olvides que un día me hiciste mujer, me enseñaste a tocar las estrellas y la luna vi resplandecer, apretado contra tu cuerpo, solo tu piel con mi piel.

## EL REGRESO

Desde que te vi por primera vez me hiciste feliz, soñando con que te atrevieras a hablarme y sonreír, y que tus mejillas rosadas se dignaran a regalarme una de tus miradas. Después te conocí bien y supe de tu humildad, tu sencillez y la dulzura de tu ser, un hombre maravilloso del cual me enamoré. Cada vez la línea del tiempo se hace más delgada, para que tras una puerta blanca estalle la alborada. Llenar nuestros cuerpos con una ensenada de besos que llenen nuestras almas de caricias, dulzura y calma.

**MENDIGANDO**

Igual que el pobre mendigo que pidiendo limosna va, yo mendigo el cariño que tú no me quieres dar. Solo espero que llegue el día en que tu corazón pueda ablandar y a esta pobre mendiga unas migajas de amor puedas dar.

## LO IMPOSIBLE

De la mañana el rocío, de la noche las estrellas, y tus ojos, mi amor, solo una mirada esperan. Porque si al igual que un pajarillo yo pudiera volar, detrás de ti me iría para no perder el compás.

## OASIS

Camina solo por el desierto y ya viejo y cansado está, pero no quiere que se le pase la vida sin el oasis poder encontrar, ese que una vez le dio la vida, ese que jamás podrá olvidar.

**DOLOR**

Si de la mañana a la noche yo perdiera tu amor, ni aun la misma muerte podría consolar mi dolor.

**BAILE**

Bailando una bonita canción una pareja está, sus cuerpos están tan juntos que un solo corazón se puede escuchar, suspirando al compás de una bella melodía que no quieren que se acabe jamás.

## LA ENVIDIA

Es tan hermoso amarte que hasta el mismo amor envidia mi suerte, aún sabiendo que no me amarás, yo jamás dejaré de amarte y seguiré siendo la envidia del amor, por amarte.

**MARIO**

Estaban los campos tristes y la amapola Dios creó. Estaba el aire quieto y de mariposas lo cubrió. Estaban los mares vacíos y de peces los llenó. Puesto a crear al hombre, un bello ser imaginó, le pondría por nombre Mario y fuiste modelo de la creación.

## ATRAPASUEÑOS

Hoy te digo que, a fuerza de estar callada, mis sentimientos hechos versos en sueños se convirtieron. Sueños ensoñados e inventados, sobre ese amor anhelado que deseo y no hallo. Un incondicional amor desgarrador y pasional, como desgarradora es mi soledad. Triste y aburrida soledad bajo un atrapasueños que no me permite poder amar.

## ÁNGEL SIN ALAS

Tú solo tienes que mirarme para que mi alma desnuda, clara, pura y transparente te entregue mi pasado y mi presente, con una fuerza arrolladora que solo con mirarte me enamoras. Solo deseo estar contigo, que me lleves a la gloria y calmes con tus besos mis anhelos de mujer enamorada, porque yo nunca lo olvides soy… un ángel sin alas.

**ILUSIONES**

Cuando esté junto a ti borraré cicatrices pasadas para solo tener ilusiones renovadas. Cuando esté junto a ti, sentiré mi cuerpo enloquecer por la magia de tu querer. Te amaré, me amarás, embriagándose mi alma de amor sincero al escucharte susurrar un te quiero.

**PERDIDA**

No me mates, cazador, que en busca de mi amor voy, que he perdido una flor y debo encontrarla hoy.

## EL LOBO

Y fue en esa bella plaza donde ella con su capa roja con el lobo se encontró y este, lamiéndose los labios, sus garras afiló, ella quitándose su capa a los ojos lo miró y fue entonces, en esa bella plaza, cuando el amor brotó en los dos. La ternura e inocencia de la niña la ferocidad del lobo anuló, culpa de aquella bella plaza que a los dos los cautivó. Hoy ha pasado el tiempo y aún perdura ese querer, embrujo de esa bella plaza llamada de San Andrés, que en noches de luna llena, si oyes con atención, escucharás a la niña y al lobo hablando cosas de amor.

## EL POZO

Vivía junto a un hermoso pozo de agua fresca y cristalina que para calmar la sed mejor agua no existía. Yo quise pedirle un deseo pero moneda no tenía. Pasó el tiempo y en mi otoño una moneda conseguí, pero pobre de mí, mi pozo ya no existía.

**EL CLAVEL**

Ya llegó la primavera pero me falta un clavel, ese que crié en mi maceta y no lo he vuelto a ver. Dice que se marchó a un bello jardín donde primavera siempre es, seguro resplandecerá en ella como solo él sabía hacer.

**APRENDIZAJE**

Pocos libros en mis manos tuve pero un máster yo saqué, ese que aprendí librando batallas las cuales perdí. Pero al final del otoño matrícula de honor conseguí.

## OTOÑO

Acelera hoja tu caída, ¿no ves que ya está llegando, no ves cómo la brisa balancea su tallo y los pájaros se están marchando? Quédate solo tú conmigo que esto a mí me hace daño.

**ALEGRIA**

¿Dónde estás alegría, dónde estás que no te encuentro? Desapareciste un día, asustada de mis penas y sufrimiento. Vuelve ya alegría que ya pasó el tormento, gané esa batalla y quiero sentirte dentro, vuelve ya alegría, vuelve porque no te encuentro.

**ABRIL**

¿Por qué esperas, niña, la primavera en abril? Si tú la viviste en invierno y fuiste muy feliz. Había guirnaldas verdes colgando de tu jardín y alguna que otra rosa que se quedó junto a ti, mientras acariciaba tu rostro la fresca brisa de abril.

## ANDALUCÍA

Decir Andalucía es decir amor y alegría, donde se guardan las penas en un rinconcito escondidas, donde se abren los brazos a todo aquel que lo necesita sin esperar nada a cambio. Esa, esa, es mi Andalucía, donde mi madre me parió, donde vi la luz por primera vez y de la que me despediré algún día.

## LA AMISTAD

No hay nada más hermoso que la palabra amistad, tú me honraste con la tuya y yo ya no puedo más. La amiga tristeza cobijada en mi pecho está y aunque me ría por fuera, ella nunca me ha de dejar. Apartarla de mí yo quisiera, pero como amante celoso siempre ahí está, llenándome de tristeza, pena y soledad. Hoy me puse a recordar desde cuándo tu lealtad, quizás fue aquel día que desesperada yo en tu pecho me quise cobijar. Yo, ya no sé si quiero seguir contigo o si conmigo tú quieres estar, pero si no es a tu lado, ¿con quién yo podría estar?

## ROCÍO

A la Virgen del Rocío yo un día le pedí que cuidara de mi hijo que con ella se quiso ir. Un día a su lado me tendrás y muchas cosas bellas me tendrá que contar, y ahí estará su madre siempre dispuesta a escuchar.

## OLOR A TI

Sevilla huele a ti, ya no hay azahar en sus naranjos, pero tu aroma sigue estando allí. Los surcos de la tierra me hacen recordar locuras pasadas en aquel naranjal donde busqué tus labios para poderte besar. Inconsciencia de juventud en plena madurez que como dos adolescentes nos dejamos hacer. Hoy, aunque tú no estés aquí, Sevilla huele a ti.

**EMBRUJO**

Sevilla embrujada está y por sus estrechas calles mis ojos buscándote van, y hasta en el reflejo del río me parece poderte hallar. Te busco en sus torres y en sus jardines al pasar, en sus palacios y patios floridos, en esos naranjos que me embriagan con su azahar. Sevilla de mi alma, dime tú dónde lo puedo encontrar.

## POBRE DE MÍ

Se me parte el alma cuando le veo marchar y sus pasos siento alejar, hasta el corazón se me para al pensar que no le puedo abrazar. "Cuando dejas de pensar en lo que no tienes, comienzas a disfrutar de lo que posees", dice un dicho popular. Verdad puede ser, pero pobre de mí, que si dejo de pensar en su ausencia solo me queda la tristeza.

**APRENDIZ**

Cazador, no me enseñes a disparar que quiero ver las aves volar.

Pescador, no me enseñes a pescar que quiero ver a los peces nadar.

¡Dios! ¿Por qué me enseñaste a amar si sola yo tengo que estar?

## ESA CANCIÓN

Al oír las campanas pierdo la razón, me avisan que ya llegó pero no puedo verlo yo, y siento los latidos de su corazón que al compás tocan la misma canción. No hay cosa más hermosa que lo que sentimos tú y yo.

**MI SONRISA**

Se me perdió esa risa que no puedo encontrar, esa que me daba vida pero yo no puedo hallar. Quizás se la llevó la tristeza que rondándome siempre está. Ven sonrisa conmigo, que mi alma esperándote está.

## CUANDO ME VAYA

El día en que yo me marche no sientas pena por mí, solo piensa:
¿La hice en algún momento feliz?

**TU RESPIRAR**

Hoy en mi triste soledad solo me haces compañía tú. Siento como me acaricias y me hablas. Siento tan cerca tu respiración que se confunde con la mía al mismo son, con esos besos que tú me das que las estrellas me hacen tocar, consiguiendo que me evada de mi triste soledad.

## ARCO IRIS

Me gustaría ser arco iris para que tú me pudieras admirar, yo te llevaría al firmamento y a la luz de las estrellas te haría soñar.

## CINCO MINUTOS

Solo cinco minutos bastan cada día para consolidar una amistad, esos cinco minutos que fueron suficientes para crear una bonita y leal amistad. Más de treinta años hace ya que, a pesar de no vernos, mantenemos esa amistad. Solo bastaron cinco minutos para no separarnos jamás.

## LOQUITA

Loquita, loca me llamas tú, porque a todos quiero, soy sensible y no guardo rencor. ¿Te imaginas, chiquillo, la de batallas que tuve que librar para llenarme de amor? Por eso te digo, niño, que loquita, loca, quiero seguir yo.

**VOLVIENDO A NACER**

Ayer me miré al espejo y descubrí en las arrugas de mi piel la historia de una vida. En ella se muestran esas heridas que produce el paso del tiempo y que solo puedes curarlas tú con el bálsamo de tus manos, sintiendo en mi cuerpo el calor que desprende el tuyo, piel con piel, boca con boca, derrochando este amor de besos prohibidos que como niños nos entregamos, con pasión, sin pensar, como si no hubiera un mañana. Tú sanaste esas heridas de mi cuerpo y de mi alma y curaste mi corazón con la dulzura de tu amor. Tú me hiciste sentir la pasión de este sentimiento, con derroche, con esperanza y admiración. He descubierto que ya no quedan heridas mal curadas en mi cuerpo ni en mi alma. Tú sanaste mi persona, logrando que esas brasas casi apagadas fueran de nuevo incendiadas, devolviéndoles las locuras a mi ser. Contigo volví de nuevo a nacer… Amor.

## REFLEXIONES DE MADRUGADA

Como cada noche, ya se quedan dormidos mis besos, los "te quiero" se quedan en soledad. ¡Mañana, más! Si las musas quieren, escribiré cuatro letrillas de amor, que guardadas en mi corazón se ocultan en la oscuridad de mi habitación. Y sigo así, soñando todos los instantes vividos, llenos de caricias y arrumacos como de cuentos prestados, ansiando tu boca, donde mi dicha sea tan verdad como la inmensidad del mar que nos separa. Por eso me sale escribir estas letrillas de amor que brotan sin querer solo al pensar en el roce de tu alma y la mía, letras llenas de sensuales pasiones, de amor a raudales, porque tú en mi madurez te has convertido en mi amigo, mi sentimiento y mi complemento.

## ANDALUCÍA

Cuando Dios creó Andalucía pensó: "¡Qué bonita me quedó!" Pero algún detallito le faltó. A las altas montañas pondré blanca nieve por si algún chiquillo quiere jugar. A los prados y llanuras un manto de terciopelo verde pondré, con hermosos ríos que surcándolos al inmenso mar llegarán diciéndole gozosos, "¡De Andalucía vengo, casi ná!" ¿Y los andaluces? Ojú, los andaluces, ¿qué te voy a decir si lo tienen todo? Arte y salero a raudales, guardándose las penas en el trastero y abriéndoles los brazos cuando llega el forastero. Así que Andalucía, en buenas manos te dejo yo, ahora me iré a echar una siestita que después de siete días cansado me siento yo. Solo decir que a partir de ese momento, Dios en andaluz se convirtió.

## JACARANDA

Sobre alfombra morada
la primavera se marchó.
Pero no olvides nunca
que aquí te espero yo.

Y volverás, volverás sobre alfombra blanca
esa de azahar que tanto amamos tú y yo.
Y nos cogeremos de la mano.
Y por este hermoso parque de María Luisa,
pasearemos los dos.

De glorieta en glorieta
de estanque en estanque...
que hasta las palomas nos llevará
que ya te echaban de menos
lo mismo que hacía yo.

Y subiremos al monte Gurugú...
Y allí las estrellas tocaremos,
y al llegar a la Plaza de España...
Los dos suspiraremos

Porque tanta belleza
jamás se concibió.
Y de la torre sur a la torre norte...
Todos nuestros deseos se harán realidad...
que tú vuelvas cada primavera...
Y que yo te pueda abrazar.

## QUERID@S AMIG@S

Tres cosas buenas este año me han ocurrido: poder escribir este libro de poemas que siempre llevé dentro, más que poemas, sentimientos. Recibir ese cariño que tod@s me brindáis y que día a día me demostráis. Y por último, después de haber vivido en el infierno, a nadie guardar rencor y todo el daño recibido poder convertirlo en amor. Mil gracias a tod@s.

*Carmen Legido*

Carmen Legido nace un caluroso mes de julio en un popular barrio de Sevilla, a extramuros de la ciudad, trasladándose muy pequeña al centro de la misma. Su obsesión desde muy joven es la entrega a los demás, hecho que se ve recompensado cuando obtiene el título de enfermería, pasando a ejercer su profesión y compartiendo su tiempo con la labor de ama de casa, esposa y madre.

Eterna enamorada de Gustavo Adolfo Bécquer, siempre se ha sentido atraída por la poesía. Romántica empedernida, siempre tenía a mano su libreta y su lápiz para escribir cada vez que sus obligaciones se lo permitían, derrochando amor en cada uno de sus versos.

Carmen, en esta su primera obra, nos trae una selección de maravillosos poemas escritos con el alma, algunos de ellos fieles testigos de sus vivencias en el devenir del tiempo y otros un canto al amor, llenos de alegría y candor, que reflejan una realidad de ilusiones cumplidas que vivían prisioneras en un emplumado atrapasueños. Como dijo el poeta:

*"Tú eres Carmen, poesía, cautela y osadía. Tú eres belleza, pasión y risas. Tú eres la eterna niña dormida".*

*Manuel G. Ponce*

# TABLA DE CONTENIDO